L'EMPIRE

ET SES

PRINCIPES FINANCIERS

PAR

HENRY MERLIN

> On me représentera que certaines vérités
> ébranlent les gouvernements : j'en conviens,
> cela peut être ; mais ces vérités, quand on
> ne les dit pas, savez-vous ce qu'elles font?
> Elles les détruisent
>
> THIERS, discours au Corps législatif,
> 1er juillet 1868.

PRIX : 1 FRANC.

PARIS

E. DENTU, LIBRAIRE-ÉDITEUR

PALAIS-ROYAL, 17 ET 19, GALERIE D'ORLÉANS

1868

L'EMPIRE

ET SES

PRINCIPES FINANCIERS

PAR

HENRY MERLIN

« Où allons-nous ! Qu'arrivera-t-il dans l'avenir ? La dette publique s'accroîtra-t-elle ainsi sans fin et sans mesure ? » s'écriait dernièrement M. Buffet à la tribune du Corps législatif dans la discussion du budget.

« Un changement de système ou de nouveaux impôts » était indiqué comme urgent quelques jours auparavant à la même tribune, par M. le marquis de Talhouet.

« Le budget actuel serait insensé, s'il devenait normal, » s'écriait aussi M. Haentjens.

Quand des députés, qui ne sont pas de l'opposition, expriment des paroles aussi sévères sur la marche financière suivie par le gouvernement impérial depuis seize ans, quand il a été prouvé que le gouvernement avait dépensé dans cette même période quatre milliards (1) en sus des recettes normales et régulières, le public ne doit-il pas se préoccuper de la situation financière, chercher à voir clair dans cette situation, à connaître sa gravité

_____

(1) Voir l'intéressant travail de M. André Cochut, publié dans la *Revue des Deux-Mondes* du 1ᵉʳ juin 1868.

1

pour empêcher, autant qu'il lui est possible, que ce système ne se continue, et imposer au gouvernement, par l'organe de ses députés, le changement de système réclamé par l'honorable marquis de Talhouet? A cet effet, je veux mettre sous les yeux du public les engagements qui pèsent sur le Trésor, sur la ville de Paris, sur les départements et nos villes de province, puis sur les six grandes compagnies de chemins de fer qui, elles aussi, ont largement usé de l'emprunt. Je dirai un mot du Crédit mobilier et de ses entreprises, pour prouver où mènent les errements financiers qui ont été suivis dans la direction de ces sociétés. Je laisserai autant que possible la parole aux chiffres, qui sont puisés dans des documents officiels, et je me bornerai à résumer brièvement les réflexions indispensables qu'inspire une pareille situation qui est pleine de périls, on ne saurait trop le répéter, car il est grand temps que le pays s'en convainque et s'en préoccupe.

BUDGET.

Le budget de 1850   s'élevait à..... 1,500,000,000
—   de 1867 (1) s'est élevé à... 2,350,000,000
Différence en plus : 850 millions.

Je ne m'appesantirai pas sur cette progression considérable du budget, la discussion qui vient d'avoir lieu au Corps législatif m'en dispense. Tout le monde l'a suivie avec trop d'intérêt, elle a été trop approfondie aussi bien par les orateurs de la majorité que de l'opposition, pour que j'aie quelque chose à y ajouter. Il est bon cependant de faire remarquer que cette progression va continuer et que le budget de 1869, celui de 1870 surtout, dépasseront de beaucoup, à leur règlement définitif, le budget de 1867.

DETTE FLOTTANTE.

La dette flottante était, en 1850, de... 550,000,000
Elle est aujourd'hui,   de... 1,000,000,000
Différence en plus : 450 millions.

M. Fould qui, après avoir prélevé 150 millions sur les rentiers au moyen de la soulte (conversion du 4/2 en 3 0/0), avait promis de fermer le grand-livre, dut le rouvrir deux ans après pour consolider une partie de cette dette flottante et la ramener à un chiffre moins exagéré. On pouvait espérer qu'elle n'atteindrait plus ce chiffre d'un milliard, mais cet espoir ne fut pas de longue durée, car elle le dépasse actuellement. L'emprunt, *toujours l'emprunt*, va la réduire encore une fois ; mais dans deux ans, elle sera revenue de nouveau, on peut l'affirmer sans crainte d'être démenti par les faits, à ce chiffre d'un milliard. C'est l'histoire du rocher de Sisyphe.

(1) Le chiffre des dotations est compris dans ce budget pour 48 millions, tandis qu'en 1850, il n'était que de 10 millions. L'augmentation, comme on le voit, est importante.

DETTE CONSOLIDÉE.

La dette consolidée était, en 1850, de 240,000,000 (de rentes).
Elle est aujourd'hui (1) de 365,000,000 (2). —

Différence en plus : 125 millions.

Le gouvernement actuel a donc accru le capital de la dette consolidée de plus de quatre milliards. En seize ans, c'est marcher bon train et c'est peu se soucier du proverbe : Qui va doucement, va longtemps: Jusqu'à présent, les budgets n'ont pu être équilibrés que par des recettes extraordinaires, des augmentations d'impôts (3) et par l'emprunt.

Les recettes extraordinaires sont taries, l'impôt ne peut plus être augmenté, il faudra donc recourir exclusivement à l'emprunt pour les budgets prochains, par conséquent, dans une plus grande proportion puisqu'il sera seul pour combler le déficit.

Du reste, ce moyen d'équilibrer les budgets paraît être du goût du gouvernement et ne pas l'effrayer, puisque M. Rouher en a fait dernièrement l'apologie à la tribune du Corps législatif. Cependant il est un fait, c'est qu'on ne peut ainsi emprunter continuellement, sans compromettre son crédit.

Quand on voit une augmentation aussi continuelle des budgets, de la dette flottante, de la dette perpétuelle, et des charges et impôts qui en sont la conséquence, on ne peut s'empêcher de constater que le gouvernement actuel n'est pas un gouvernement à bon marché, et que ses principes financiers sont contraires à la plus saine prudence.

(1) Y compris l'indemnité mexicaine et le dernier emprunt.

(2) Soit, en capital, de plus de 12 milliards.

(3) Les impôts ont été augmentés de 52 millions depuis 1852 (déduction faite de ceux qui ont été supprimés ou diminués.)

VILLE DE PARIS.

Ce système financier, suivi par le gouvernement dans l'administration des deniers publics, a eu cela de funeste, c'est qu'il a été promptement adopté par toutes les administrations publiques et privées.

M. Haussmann n'a pas suivi d'autres errements dans la direction des finances de la ville de Paris et du département de de la Seine (1). Il est si commode de toujours dépenser et de se procurer des ressources par l'emprunt, sans se préoccuper de l'exagération des dépenses et de l'héritage financier qu'on laissera aux générations suivantes, M. Haussmann a usé du crédit sans hésitation aucune. Les emprunts de la ville de Paris et du département de la Seine se sont élevés, sous son administration, à plus d'un milliard, en comptant les quatre cents millions de bons de délégation. Pour une ville c'est un joli chiffre, d'autant plus qu'il ne comprend pas la prime de remboursement et des lots qui grèvent, en sus des intérêts, les finances de la Ville et accroissent sa dette. Cinq années ne s'écoulent pas sans que l'État fasse un emprunt : 1855, 1859, 1864, 1868. La Ville agit de même et elle emprunte en 1852, 1855, 1860, 1865, 1868. Et M. Haussmann se glorifie dans son dernier Rapport à l'Empereur des depenses excessives qu'il a faites.

Il n'y a pas besoin d'un grand génie pour agir ainsi, s'il en était autrement tous les prodigues seraient des hommes de génie. En vérité, ma confusion est grande lorsque j'entends certains badauds (ils sont rares heureusement) se pâmer d'admiration toutes les fois qu'ils voient s'ouvrir un nouveau boulevard sous

(1) Il ne m'a pas été possible de faire pour les budgets de la ville de Paris, comme pour ceux de l'État, la comparaison entre les années 1850 et 1867, l'annexion des communes suburbaines s'étant effectuée durant cette période ; mais tout le monde sait que cette progression a été considérable·

la pioche de ces démolisseurs si chers à notre préfet (1). J'avoue, à ma grande honte, que je ne trouve aucun mérite à l'auteur de ce bouleversement continuel de Paris, et surtout en considérant les sommes énormes englouties dans des expropriations, telles que celles de la rue de la Paix. Si dans ces nouvelles constructions, l'architecture occupait une large place et faisait preuve d'un talent remarquable, encore pourrait-on savoir gré à cet homme de génie méconnu d'en avoir favorisé le développement. Mais tout le monde s'accorde à reconnaître, au contraire, que jamais les architectes n'ont été aussi vulgaires que depuis quelques années. Du reste, M. Haussmann ne paraît point s'en être préoccupé, car rien ne peut gêner davantage un architecte que cette uniformité qui lui est imposée généralement par la Ville dans la construction des maisons qui bordent les nouvelles voies. Ici, elle vous vend un terrain avec condition de bâtir sur un plan déterminé, pour ne pas contrarier soi-disant l'harmonie. Votre maison aura telle hauteur, telle largeur, vous aurez tant de fenêtres, etc., bien heureux même si on ne vous impose pas de la faire pareille à celle du voisin. Franchement, quand toute initiative est ainsi retirée à l'architecte, que tout lui est réglé minutieusement par compas et par mesure, c'est à lui qu'il faudrait un génie hors ligne pour construire dans de telles conditions quelque chose de remarquable.

Si donc, l'architecture n'a rien produit, qu'y a-t-il d'admirable dans ces longs et interminables boulevards percés en droite ligne, si uniformes, brûlés par le soleil en été, et balayés par la bise en hiver. Quant à moi, ce que je trouve admirable, c'est votre bonhomie et votre admiration en face de telles œuvres, quand c'est votre argent, à vous contribuables, qui est ainsi employé. Où est donc le mérite de démolir et de construire à tort et à travers, quand on n'a qu'à prendre dans vos poches? Tout prodigue peut faire bâtir un palais avec l'argent des autres.

(1) Un préfet a dit dernièrement que l'Empereur était le père de tous les pompiers (j'ignore pourquoi), mais M. Haussmann ne devrait-il pas, à plus juste titre, être proclamé le père des maçons.

Je songe que si ces considérations étaient publiées dans un journal, M. Haussmann m'enverrait, dès le lendemain, un de ces *communiqués* dont la longueur égale celle de ses boulevards, pour me prouver que les impôts n'ont pas été augmentés (c'est sa thèse favorite). Etant contenues dans une brochure, je suis dispensé de sa prose administrative. Du reste, il serait facile de lui répondre que si les impôts de la Ville n'ont pas été augmentés directement (et encore cela est contestable) jusqu'à ce jour, ils le seront forcément sous peu, et qu'en attendant, ils l'ont été d'une façon indirecte.

N'est-ce pas vous, monsieur le préfet, qui êtes cause, avec vos démolitions incessantes et considérables, de la cherté des loyers, laquelle cherté est causée à la fois par les larges voies que vous créez, par la surélévation du prix des terrains, de la main-d'œuvre, des matériaux qui sont le résultat de vos hécatombes de maisons et de la destruction totale de certains quartiers?

Dans les maisons que vous démolissez, il y avait des appartements pour les petites fortunes, des boutiques à loyer peu élevé. Dans celles que vous édifiez, il n'y a d'appartements que pour les grandes fortunes et des magasins à loyer considérable. Il ne peut pas en être autrement. En effet, comment voulez vous qu'un propriétaire qui achète le terrain cher, qui paye les matériaux et la main-d'œuvre à un prix élevé, puisse établir des appartements à bon marché? C'est impossible! Il faut, pour qu'il retire l'intérêt de son argent, qu'il loue cher et que le commerçant augmente le prix de ses denrées pour compenser l'élévation de loyer qu'il subit et dont vous êtes la cause. Le ricochet se fait ainsi jusqu'au prolétaire, qui lui, ne peut faire ricochet et est ainsi la victime de vos démolitions exagérées.

Ne nous dites pas que vous n'avez pas contribué à ces résultats! Ils sont bien certainement votre œuvre! Et peut-être est-ce avec intention que vous les avez déterminés! car les impositions, s'appliquant sur des loyers élevés, vous rapportent davantage que lorsqu'elles portent sur de petits loyers, et augmentent ainsi vos recettes. Vous avez donc intérêt à ce que les appartements et les magasins soient loués le plus cher possible. C'est de toute évidence. Du reste, qu'importe à M. Haussmann que le prolétaire ou le petit bourgeois ne trouve pas à se loger sans y consacrer la plus grande partie de son salaire ou de son revenu, et non pas le dixième, comme cela se pratiquait autrefois. Paris n'est pas aux Parisiens; il n'est habité que par des nomades qui en font leur auberge, c'est lui qui l'a dit : *inter pocula.*

Paris, l'auberge du monde entier, voilà le rêve du baron Haussmann. Mais revenons aux actes financiers de M. le préfet. Après avoir maintes fois répété que les recettes suffiraient désormais aux dépenses, combien a-t-il dû lui en coûter d'avouer les quatre cents millions empruntés à la sourdine au Crédit foncier, et de venir solliciter du Corps législatif la sanction légale de cet emprunt qui l'était peu. Combien fut grande la surprise du public en apprenant que la Ville avait emprunté quatre cents millions si peu de temps après un emprunt de deux cent soixante-dix millions (ce dernier avait été contracté en 1865, deux ans auparavant).

Franchement, monsieur le préfet, si vous continuez à emprunter aussi fréquemment (670 millions en deux ans), il faudra bien que vous augmentiez les impôts pour payer les intérêts de ces emprunts. Ce serait une illusion de croire que l'augmentation de vos recettes, qui est artificielle en grande partie, continuera indéfiniment.

Je dis que l'augmentation de vos recettes est artificielle, car elle ne repose pas sur des bases normales; elle n'est produite que par le développement excessif des travaux de construction. Le jour où vous ralentirez vos travaux, vos recettes baisseront.

Puis, cette plus-value de recettes qu'invoquent tour à tour l'État et la Ville, et que tous les deux font miroiter aux yeux des contribuables pour faire excuser leurs dépenses et leurs emprunts, est un argument spécieux et n'a aucune valeur : car, si les recettes augmentent, les dépenses aussi augmentent et dans de plus fortes proportions et beaucoup plus rapidement. Voilà ce que vous omettez de dire.

En présence de résultats financiers aussi graves, ne doit-on pas enfin reconnaître que, de même que pour les finances de l'État, le contrôle serait plus sévère et plus efficace si le pays nommait des candidats indépendants de préférence aux candidats officiels ; de même, pour les finances de la Ville, il serait nécessaire que Paris nommât lui-même son conseil municipal, qui, tenant son mandat des habitants eux-mêmes, serait plus indépendant et pourrait mieux résister à l'omnipotence du préfet de la Seine que des conseillers municipaux qui sont investis de leurs fonctions par le gouvernement.

J'ai déjà démontré la progression considérable survenue dans le budget, la dette flottante et consolidée de l'État, ainsi que dans les dépenses de la ville de Paris ; je veux mettre maintenant sous les yeux du lecteur la liste des emprunts contractés par les départements et les villes depuis 1852 jusqu'au 1er janvier 1868.

EMPRUNTS DES DÉPARTEMENTS.

Ain	4 emprunts, ensemble		1.810.000
Aisne	3 —	—	1.710.000
Allier	3 —	—	380.000
Hautes-Alpes	3 —	—	500.800
Basses-Alpes	3 —	—	1.075.000
Alpes-Maritimes	2 —	—	1.250.000
Ardèche	4 —	—	3.400.000
Ardennes	1 —	—	365.000
Ariége	4 —	—	695.000
Aube	1 —	—	100.000
Aveyron	3 —	—	1.270.000
Bouches-du-Rhône	6 —	—	9.303.000
Calvados	9 —	—	2.281.800
	A reporter		24.140.600

				Report............	24.140.600
Cantal	4	emprunts, ensemble......			1.576.000
Charente...........	7	—	—		1.510.000
Charente-Inférieure...	2	—	—		1.700.000
Cher...............	4	—	—		890.000
Corrèze...........	6	—	—		3.035.000
Corse.............	5	—	—		1.864.000
Côte-d'Or	3	—	—		940.000
Côtes-du-Nord.......	7	—	—		1.488.000
Creuse............	6	—	—		1.698.500
Dordogne	3	—	—		2.856.000
Doubs.............	3	—	—		1.680.000
Drôme............	2	—	—		600.000
Eure	6	—	—		3.266.000
Finistère...........	4	—	—		439.700
Gard	3	—	—		822.000
Gers	2	—	—		659.000
Gironde	13	—	—		1.733.000
Hérault...........	6	—	—		9.163.600
Ille-et-Vilaine.......	3	—	—		569.000
Indre.............	5	—	—		1.878.000
Indre-et-Loire.......	2	—	—		2.545.000
Isère.............	11	—	—		5.581.000
Jura..............	3	—	—		740.000
Landes............	1	—	—		100.000
Loir-et-Cher........	6	—	—		2.256.800
Loire.............	7	—	—		5.877.500
Haute-Loire	5	—	—		1.900.000
Loire-Inférieure......	15	—	—		8.220.000
Loiret	1	—	—		269.000
Lot...............	4	—	—		2.337.000
Lot-et-Garonne	3	—	—		439.000
Maine-et-Loire.......	7	—	—		2.688.000
Manche............	3	—	—		2.000.000
Marne.............	4	—	—		986.000
Haute-Marne	13	—	—		918.400
				A reporter.........	99.366.100

			Report............	99.366.100
Mayenne...............	9	emprunts, ensemble......		2.175.000
Meurthe	4	—	—	1.034.000
Morbihan ., ...	12	—	—	4.243.000
Moselle.............	2	—	—	11.555.000
Nièvre............	6	—	—	2.410.000
Nord..............	7	—	—	2.303.000
Oise..............	3	—	—	190.000
Orne	3	—	—	1.917.000
Pas-de-Calais........	9	—	—	1.321.000
Puy-de-Dôme.........	1	—	—	1.800.000
Hautes-Pyrénées	4	—	—	751.000
Basses-Pyrénées	2	—	—	365.000
Pyrénées-Orientales...	5	—	—	775.000
Bas-Rhin............	4	—	—	1.200.000
Haut-Rhin	2	—	—	438.000
Rhône.............	8	—	—	3.506.000
Haute-Saône........	2	—	—	100 500
Saône-et-Loire......	4	—	—	6.680.000
Sarthe....	4	—	—	4.440.631
Haute-Savoie.......	4	—	—	300.000
Seine..............	1	—	—	50.000.000
Seine-et-Oise........	6	—	—	3.037.418
Seine-et-Marne.......	1	—	—	3.500.000
Seine-Inférieure......	10	—	—	8.001.000
Deux-Sèvres	4	—	—	1.312.333
Somme...............	4	—	—	365.200
Tarn..............	1	—	—	355.000
Tarn-et-Garonne.....	1	—	—	300.000
Var..............	6	—	—	3.225.000
Vaucluse.............	4	—	—	2.393.000
Vienne	2	—	—	2.778.000
Haute-Vienne........	6	—	—	5.042.000
Vosges	3	—	—	3.070.000
Yonne...............	5	—	—	1.008.000
			Total......	231.257.182

EMPRUNTS DES VILLES.

Abbeville............	1	emprunt, ensemble.......	80.000
Agen..............	4	—	—	900.000
Aix (en Provence)....	7	—	—	8.278.000
Ajaccio.............	1	—	—	500.000
Alais..............	4	—	—	950.000
Albi................	4	—	—	1.535.000
Alençon	5	—	—	432.900
Amiens............	3	—	—	2.700.000
Angers	10	—	—	5.325.000
Angoulême..........	5	—	—	2.915.000
Annecy............	1	—	—	800.000
Annonay...........	2	—	—	567.000
Arles..............	6	—	—	1.265.373
Armentières.........	4	—	—	440.000
Arras.............	4	—	—	727.500
Auch.............	2	—	—	446.000
Aubenas...........	2	—	—	400.000
Aurillac	1	—	—	400.000
Auxerre...........	2	—	—	476.000
Auxonne...........	2	—	—	287.133
Avignon...........	5	—	—	4.360.000
Avranches	4	—	—	440.000
Bagnères-de-Luchon..	2	—	—	500.000
Bailleul...........	1	—	—	60.000
Bar-le-Duc.........	2	—	—	700.000
Bastia	1	—	—	500.000
Bayeux	2	—	—	265.000
Bayonne..........	4	—	—	2.495.000
Beaucaire	2	—	—	320.712
Beaune	1	—	—	225.000
Beauvais..........	3	—	—	399.000
		A reporter.........	39.689.618

				Report............	39.689.618
Besançon...............	2	emprunts, ensemble......			1.800.000
Béthune.............	1	—	—		20.000
Béziers.............	7	—	—		1.828.227
Blois	7	—	—		1.445.000
Bordeaux...........	2	—	—		21.800.000
Boulogne...........	5	—	—		2.379.000
Bourbonne-les-Bains..	1	—	—		25.000
Bourg.............	4	—	—		470.000
Bourges...........	7	—	—		1.504.000
Brest.............	4	—	—		5.500 000
Buzançais...........	1	—	—		23.000
Caen.............	6	—	—		3.585.000
Cahors...........	5	—	—		460.000
Cambrai...........	2	—	—		1.150.000
Cannes...........	4	—	—		7.050.000
Carcassonne........	4	—	---		830.000
Carpentras.........	1	—	—		200.000
Castres............	6	—	—		1.780.000
Cette.............	3	—	—		1.770.000
Chalonnes..........	1	—	—		80.000
Chalon-sur-Saône....	3	—	—		625.000
Chalons-sur-Marne....	2	—	—		235.800
Chambéry..........	2	—	—		800.000
Chartres..........	5	—	—		911.000
Chateauroux........	2	—	—		484.000
Cherbourg..........	2	—	—		1.964.000
Cholet............	1	—	—		50.000
Clermont-Ferrand....	3	—	—		2.600.000
Cognac............	1	—	—		160.000
Charleville..........	4	—	—		805.000
Colmar............	9	—	—		3.768.080
Coutances..........	1	—	—		146.000
Compiègne.........	4	—	—		230.333
Dieppe............	6	—	—		1.104.000
Dijon.............	4	—	—		1.400.000
				A reporter........	108.672.058

		Report............	108.672.058
Dôle................	1 emprunt, ensemble..........		50.000
Douai..............	3	— —	800.000
Draguignan..........	1	— —	626.800
Dunkerque..........	4	— —	780.000
Elbeuf.............	2	— —	3.094.000
Embrun.............	1	— —	32.000
Eaux-Bonnes........	1	— —	500.000
Epernay............	4	— —	324.000
Epinal.............	1	— —	600.000
Etampes............	2	— —	387.000
Evreux.............	2	— —	450.000
Falaise............	3	— —	222.000
Fécamp.............	1	— —	150.000
Flers..............	4	— —	223.000
Fontainebleau.......	4	— —	680.000
Fontenay-le-Comte ...	2	— —	137.000
Givors.............	1	— —	137.500
Grasse.............	1	— —	300.000
Gray	1	— —	250.000
Grenoble...........	3	— —	2.190.000
Hazebrouck.........	2	— —	81.000
Jarnac.............	1	— —	95.000
La Flèche..........	1	— —	80.000
Laon	3	— —	236.000
La Rochelle........	2	— —	1.200.000
Laval..............	8	— —	1.568.000
Le Havre...........	7	— —	11.140.000
Le Mans	4	— —	1.602.500
Le Puy.............	4	— —	1.450.000
Libourne...........	2	— —	132.286
Lille..............	4	— —	24.100.000
Limoges	4	— —	3.480.000
Lisieux	5	— —	289.000
Lodève	1	— —	530.000
Lons-le-Saulnier	2	— —	700.000
Lorient	3	— —	1.100.000
		A reporter........	168.389.144

			Report.....	168.389.144
Louviers............	6	emprunts, ensemble.......	618.000
Luynes.	1	— —	30.000
Lyon.	8	— —	42.204.000
Mâcon.............	3	— —.	1.065.000
Marseille...........	10	— —	108.750.000
Mayenne...........	3	— —	722.500
Meaux.............	2	— —	297.000
Melun.	2	— —	800.000
Metz.	5	— —	7.146.000
Montauban.........	4	— —	1.655.000
Montbrison.........	1	— —	48.000
Montluçon..........	1	— —	240.000
Montpellier.........	2	— —	4.068.000
Morlaix............	3	— —	315.000
Moulins............	6	— —	588.000
Mulhouse.	4	— —	2.020.000
Nantes.............	7	— —	4.485.000
Nancy.	5	— —	1.396.000
Narbonne..........	3	— —	960.000
Napoléon-Vendée.....	1	— —	50.000
Neuilly-sur-Seine.....	4	— —	920.000
Nevers.............	5	— —	1.544.000
Nice.	3	— —	2.100.000
Nîmes.	2	— —	1.813.000
Niort.............	4	— —	2.139.000
Nogent-le-Rotrou.....	1	— —	80.000
Orléans............	5	— —	2.295.518
Paris..............	»	(Voir page 18.)	» »
Pau	2	emprunts, ensemble..... .	1.550.000
Périgueux..........	6	— —	2.220.000
Perpignan..........	4	— —	1.420.000
Poitiers...........	3	— —	1.540.000
Poligny...........	1	— —	150.000
Pontoise.	1	— —	115.000
Quimper...........	1	— —	100.000
Reims.............	2	— —	1.980.000
		A reporter..........	365.513.162

	Report.............	365.513.162
Rennes.............	4 emprunts, ensemble......	2.310.000
Riom..............	3 — —	335.000
Rive-de-Gier........	2 — —	113.524
Roanne.	1 — —	1.000.000
Rochefort.	4 — —	1.350.000
Rouen.	9 — —	9.655.000
Roubaix.	7 — —	6.747.500
Rueil.............	1 — —	225.000
Saintes.	2 — —	582.000
Saint-Amand.	1 — —	35.000
Saint-Brieuc........	4 — —	1.642.640
Saint-Chamond.	3 — —	1.320.000
Saint-Dié.	1 — —	150.000
Saint-Dizier.	1 — —	110.000
Saint-Étienne.......	8 — —	7.055.000
Saint-Germain en Laye	3 — —	707.000
Saint-Lô............	3 — —	650.000
Saint-Malo..........	2 — —	210.000
Saint-Pierre-lès-Calais.	1 — —	500.000
Saint-Omer..........	4 — —	640.000
Saint-Quentin........	1 — —	450.000
Saint-Servan........ ..	1 — —	200.000
Saumur.............	5 — —	1.181.000
Sedan	3 — —	375.000
Sens	2 — —	435.000
Soissons	1 — —	35.000
Strasbourg	3 — —	1.470.000
Tarascon............	2 — —	350.000
Tarbes.............	2 — —	760.000
Thionville..........	2 — —	180.000
Toulon	3 — —	7.639.450
Toulouse............	4 — —	9.000.000
Tourcoing..........	4 — —	1.798.500
Tours..............	7 — —	2.386.333
Trouville.	2 — —	93.0050
Troyes.	6 — —	3.613.907
	A reporter..........	431.660.046

			Report............	431.660.016
Valence............	2	emprunts, ensemble........		900.000
Valenciennes........	1	—	—	2.000.000
Vannes.............	4	—	—	434.000
Vendôme...........	1	—	—	30.000
Verdun............	2	—	—	374.000
Versailles..........	3	—	—	3.170.000
Vesoul............	1	—	—	250.000
Vermenton.........	1	—	—	15.000
Vic-Fezensac........	1	—	—	15.000
Vienne.............	3	—	—	1.910.000
Villefranche-sur-Saône	2	—	—	255.000
Vire..............	2	—	—	118.600
			TOTAL.....	444.131.616

Dans cette liste ne figurent que les emprunts des villes qui ont un revenu supérieur à cent mille francs et qui ne peuvent emprunter sans loi, tandis que les communes qui ont un revenu inférieur peuvent emprunter sur simple décret aux termes de l'article 41 de la loi du 21 mars 1831 ; les bases manquent donc pour calculer les sommes empruntées par ces dernières, mais il est à peu près certain que leurs emprunts dépassent deux cents millions. Il faut remarquer aussi que les sommes portées ne comprennent pas celles qu'il faut débourser pour les intérêts, lots et primes de remboursement.

De plus, depuis le 1ᵉʳ janvier 1868, beaucoup de villes ont été autorisés à emprunter, et leur dette se trouve donc encore accrue. Il est inutile d'affaiblir l'effet de ces chiffres par des commentaires, le lecteur appréciera lui-même où peuvent mener de pareilles théories financières et un tel système d'emprunts continus et indéfinis.

Qu'on ne vienne pas dire que ces emprunts sont destinés à des dépenses reproductives, car la plupart ont été affectés (le *Bulletin des lois* le constate) à la reconstruction et ameublement de préfectures ou sous-préfectures, à la construction, reconstruction et agrandissement de casérnes, prisons, maisons d'arrêt **ou de correction**, voire même à couvrir des déficits de budgets.

RÉCAPITULATION.

Emprunts d'Etat émis en rente par sous-
cription publique   2,729,000,000
    — déguisés (1)   1,576,000,000
    — de la ville de Paris (2)   918,000,000
    — des départements (jusqu'au 1er jan-
         vier 1868)   231,257,182
    — des villes à revenu de 100,000 fr.   441,131,616
    — à revenu inférieur à 100,000 fr.   200,000,000

         TOTAL   6,095,388,793

(1) Voici le détail des emprunts déguisés :

Soulte prélevée sur les rentiers à la conversion de 1862.	157 millions.
Abandon par les rentiers d'un trimestre de revenu.	39 —
Aliénation d'immeubles.	45 —
Négociations de rentes appartenant au Trésor.	32 —
Augmentation des cautionnements.	60 —
Indemnités de guerre (Chine, Japon, Cochinchine).	70 —
Recouvrements sur le Mexique.	105 —
Avances de la Société Algérienne.	100 —
Obligations trentenaires.	283 —
Caisse Dotation de l'armée.	183 —
Banque de France (renouvellement de son privilége, 1857).	100 —
Recouvrements sur les chemins de fer.	258 —
Pour frais d'émission en souscription publique des divers	
emprunts.	93 —
Divers.	51 —

         TOTAL. . . . .   1576 millions.

(2) Y compris les 398 millions de Bons de délégations proposés à la
sanction du Corps législatif. Le chiffre des emprunts de la ville de Paris
peut ne pas être d'une rigoureuse exactitude. Je n'ai pas pu le contrôler
dans les bureaux de la Ville, M. le préfet prohibant formellement toute
communication de documents. Décidément M. Haussmann redoute la pu-
blicité.

Plus de six milliards empruntés par l'administration en seize ans!

N'est-ce pas l'imprudence même? Avec de tels errements financiers, en surmenant ainsi le crédit, si on ne s'arrête pas dans cette voie d'emprunts et de dépenses, ne marchons-nous pas à quelque catastrophe? Personne ne pourra le contester! Nous aurons mangé notre blé en herbe, et il ne restera à nos successeurs que l'embarras de payer nos dettes, et l'impossibilité pour eux, d'en contracter même pour des dépenses utiles et nécessaires. Et les députés qui autorisent et votent de telles dépenses nuisent plus au gouvernement qu'ils croient servir que les députés de l'opposition qui les rejettent et en font entrevoir le danger.

EMPRUNTS HYPOTHÉCAIRES

CONTRACTÉS SOUS LE TITRE D'OBLIGATIONS

Par les six grandes Compagnies de chemins de fer.

EST LYON MIDI	NORD ORLÉANS OUEST

COMPAGNIE DE L'EST.

La dette hypothécaire de la Compagnie de l'Est s'élevait, au 31 décembre 1867, à un milliard deux cent quarante millions cinq cent trente et un mille neuf cent cinquante francs, exigeant annuellement, pour le service des intérêts seuls, la lomme de trente-neuf millions quatre cent quarante-cinq mille quatre cent cinquante francs.

Les sommes annuelles exigées par l'amortissement sont en sus.

TOTAL des intérêts annuels.	INTÉRÊTS annuels à payer par titre.	DÉSIGNATION DES VALEURS.	NOMBRE D'OBLIGATIONS.	TAUX du remboursement par titre.	TOTAL des remboursements à effectuer.
9,220,700	25	Est 1852-54-56 5 %	368,828	650	239,758,200
22,500,000	15	Id. 3 %	1,500,000	500	750,000,000
6,832,500	15	Ardennes	455,500	500	227,750,000
138,750	50	Bâle (Strasbourg à) 1843..	2,775	1,250	3,468,750
500,000	25	Id. id. 1852..	20,000	625	12,500,000
88,500	15	Dieuze.	5,900	500	2,950,000
165,000	50	Montereau à Troyes......	3,300	1,250	4,125,000
39,445,450			2,356,303		1,240,531,950

COMPAGNIE DE LYON.

La dette hypothécaire de la Compagnie de Lyon s'élevait, au 31 décembre 1867, à la somme de trois milliards vingt-neuf millions quarante-trois mille deux cent cinquante francs, exigeant annuellement, pour le service des intérêts seuls, la somme de quatre vingt-douze millions huit cent vingt-cinq mille cent quatre-vingt-cinq francs.

Les sommes annuelles exigées par l'amortissement sont en sus.

TOTAL des intérêts annuels.	INTÉRÊTS annuels à payer par titre.	DÉSIGNATION DES VALEURS.	NOMBRE D'OBLIGATIONS.	TAUX du remboursement par titre.	TOTAL des remboursements à effectuer.
4,000,000	50	Lyon 5 °/o................	80,000	1,250	100,000,000
4,500,000	15	Id. 3 °/o 1855...........	300,000	500	150,000,000
1,500,000	50	Avignon à Marseille......	50,000	1,250	37,500,000
3,000,000	15	Bourbonnais.	200,000	500	100,000,000
2,595,000	15	Dauphiné................	173,000	500	86,500,000
1,315,785	15	Genève (Lyon à) 1855....	87,719	500	43,859,500
818,225	15	Id. id. 1857....	54,545	500	27,272,500
3,000,000	25	Méditerranée 5 °/o........	120,000	625	75,000,000
3,975,000	15	Id. 3 °/o 1852-55	265,000	500	132,500,000
54,000,000	15	Paris – Lyon – Méditerranée (fusion).	3,600,000 (fin 1867.)	500	1,800,000,000
2,565,350	25	Rhône et Loire 4 °/o.....	102,614	625	64,133,750
954,645	15	Id. 3 °/o.....	63,643	500	31,821,500
125,000	50	St-Étienne...............	2,500	1,250	31,250,000
1,476,180	15	Victor-Emmanuel........	98,412	500	49,206,000
9,000,000	15	Lyon 1866..............	600,000	500	300,000,000
92,825,185			5,777,433		3,029,043,250

COMPAGNIE DU MIDI.

La dette hypothécaire de la Compagnie du Midi s'élevait, au 31 décembre 1867, à la somme de sept cent soixante et un millions soixante-dix mille deux cent cinquante francs, exigeant annuellement, pour le service des intérêts seuls, la somme de vingt-deux millions huit cent quarante-trois mille huit cent soixante-dix francs.

Les sommes annuelles exigées par l'amortissement sont en sus.

TOTAL des intérêts annuels.	INTÉRÊTS annuels à payer par titre.	DÉSIGNATION DES VALEURS.	NOMBRE D'OBLIGATIONS.	TAUX du rembour-sement par titre.	TOTAL des rembour-sements à effectuer.
22,796,820	15	Midi......................	1,519,788 (fin 1867)	500	759,894,000
47,050	50	Bordeaux à la Teste......	941	1,250	1,176,250
22,843,870			1,520,729		761,070,250

COMPAGNIE DU NORD.

La dette hypothécaire de la Compagnie du Nord (1) s'élevait, au 31 décembre 1867, à la somme de cinq cent soixante-treize millions quatre cent soixante-dix-neuf mille cent vingt-cinq francs, exigeant annuellement, pour le service des intérêts seuls, la somme de dix-sept millions deux cent seize mille cent quatre vingt-huit francs soixante-quinze centimes.

Les sommes annuelles exigées par l'amortissement sont en sus.

TOTAL des intérêts annuels.	INTÉRÊTS annuels à payer par titre.	DÉSIGNATION DES VALEURS.	NOMBRE D'OBLIGATIONS.	TAUX du remboursement par titre.	TOTAL des remboursements à effectuer.
16,875,000	15	Nord......................	1,125,000	500	562,500,000
47,260	20	Amiens à Boulogne........	2,363	500	1,181,500
295,928,75	16,87 ½	Charleroi à Erquelinnes...	17,418	562 50	9,797,625
17,216,188,7			1,144,781		575,479,125

(1) Cette compagnie est la seule qui ait usé du crédit dans des proportions raisonnables.

COMPAGNIE D'ORLÉANS.

La dette hypothécaire de la Compagnie d'Orléans s'élevait, au 31 décembre 1867, à la somme de un milliard cinq cent cinq millions trois cent soixante-seize mille deux cent cinquante francs, exigeant annuellement, pour le service des intérêts seuls, la somme de quarante-cinq millions quatre cent soixante-neuf mille cinquante francs.

Les sommes annuelles exigées par l'amortissement sont en sus.

TOTAL des intérêts annuels.	INTÉRÊTS annuels à payer par titre.	DÉSIGNATION DES VALEURS.	NOMBRE D'OBLIGATIONS.	TAUX du rembour- sement par titre.	TOTAL des rembour- sements à effectuer.
444,400	50	Orléans 4 °/o 1842.........	8,888	1,250	11,110,000
666 650	50	Id. id. 1848,........	13,333	1,250	16,666,250
39,750,000	15	Id. 3 °/o...............	2,650,000 (fin 1867.)	500	1,325,000,000
4,488,000	15	Grand-Central............	299,200	500	149,600,000
120,000	20	Orsay 4 °/o·.............	6,000	500	3,000,000
45,469,050			2,977,421		1,505,376,250

COMPAGNIE DE L'OUEST.

La dette hypothécaire de la Compagnie de l'Ouest (1) s'élevait, au 31 décembre 1867, à la somme de un milliard quatre cent quatorze millions cinq cent un mille francs, exigeant annuellement, pour le service des intérêts seuls, la somme de quarante-trois millions sept cent quatre vingt-quinze mille trois cent cinq francs.

Les sommes annuelles exigées par l'amortissement sont en sus.

TOTAL des intérêts annuels.	INTÉRÊTS annuels à payer par titre.	DÉSIGNATION DES VALEURS.	NOMBRE D'OBLIGATIONS.	TAUX du remboursement par titre.	TOTAL des remboursements à effectuer.
851,800	50	Ouest 5 °/o 1852-54......	17,036	1,250	21,295,000
875,000	50	Id. id. 1853.........	17,500	1,250	21,875,000
16,800	50	Id. id. 1855.........	336	1,250	420,000
38,334,205	15	Id. 3 °/o..............	2,556,947 (fin 1867.)	500	1,278,473,500
120,000	20	Id. 4 °/o..............	6,000	500	3,000,000
750,000	50	Havre 1845-47..........	15,000	1,250	18,750,000
250,000	50	Id. 1848.............	5,000	1,250	6,250,000
300,000	50	Rouen 1845............	6,000	1,250	7,500,000
1,337,500	50	Id. 1847-49-54........	26,750	1,250	33,437,500
620,000	50	St-Germain 1842-49	12,400	1,250	15,500,000
320,000	50	Versailles (rive dr.) 1843..	6,400	1,250	8,000,000
43,795,305			2,669,369		1,414,501,000

(1) Cette Compagnie et celle de Lyon sont les deux qui ont le plu abusé des émissions d'obligations.

RÉCAPITULATION.

	Nombre de titres.		Intérêts annuels.		Dette totale.	
C¹ᵉ de l'Est....	2,356,303	»	39,445,450	»	1,240,531,950	»
— de Lyon...	5,777,433	»	92,825,185	»	3,029,043,250	»
— du Midi....	1,520,729	»	22,843,870	»	761,070,250	»
— du Nord...	1,144,781	»	17,216,188 75		563,975,428 65	
— d'Orléans..	2,997,421	»	45,469,050	»	1,505,376,250	»
— de l'Ouest..	2,669,360	»	43,795,305	»	1,414,501,000	»
Total...	16,446,036	»	261,595,048 75		8,514,498,128 65	

La dette totale des six grandes Compagnies de chemins de fér, en obligations seulement, s'élevait donc, au 31 décembre 1867, au chiffre considérable de huit milliards et demi. Il s'est accru depuis et s'accroît chaque jour, ce qui est peu rassurant, surtout pour les actionnaires, d'autant plus qu'ils sont exposés à subir sous peu les inconvénients momentanés d'une réduction de tarifs, imposée par la pression de l'opinion publique qui la réclame avec instance.

Il est inutile de venir objecter que l'amortissement réduit chaque année le nombre des titres et l'importance de la dette, car, si l'amortissement fonctionne, l'emprunt fonctionne aussi, et il s'émet annuellement plus de titres qu'il s'en amortit. Il faut ajouter à cette dette hypothécaire celle que ces Compagnies (sauf le Nord) ont contractée depuis quelques années auprès de l'État pour la garantie d'intérêt du nouveau réseau, car les sommes versées annuellement par l'État, conformément aux conventions de 1859, devront être remboursées avec les intérêts à 4 p. 0/0; c'est donc un prêt que l'État fait et une nouvelle dette pour les Compagnies.

Si l'amortissement fonctionnait d'une façon égale, la Compagnie de Lyon devrait prélever chaque année de ce chef, sur ses recettes, la somme de trente millions, qui, ajoutés aux intérêts, forment un total de cent vingt-deux millions, c'est-à-dire presque la totalité de ses recettes nettes annuelles.

CONSÉQUENCES

Des doctrines saint-simonniennes.

Après avoir exposé avec quelle hardiesse l'État, la ville de Paris, les départements et autres villes de France, ainsi que les Compagnies de chemins de fer, usent du crédit et des emprunts, il est bon de mettre sous les yeux du lecteur les résultats des entreprises financières créées et dirigées par des hommes qui se prétendent les représentants des doctrines économiques et financières de l'Empire. Ils ont revendiqué ce titre dernièrement dans une lettre adressée à l'honorable M. Pouyer-Quertier et que ce dernier a laissée, avec juste raison, sans réponse. J'ai nommé les saint-simonniens Pereire. Ces hommes, qui, eux aussi, se croient des génies méconnus, ont amené des ruines immenses dans toute la France et englouti les économies de plusieurs milliers de familles. Et cependant ils ont conservé une fortune colossale,

ACTIONS ET OBLIGATIONS DES PRINCIPALES SOCIÉTÉS CRÉES OU TRANSFORMÉES

DÉSIGNATION DES VALEURS.	PRIX d'émission.	NOMBRE de titres émis.	COURS LE PLUS HAUT.
Crédit mobilier français...............	500	120,000	1.997 50
Id.　　action nouvelle.........	516	120,000	700
Id.　　espagnol...............	500	240,000	995 avec droit aux actions nouvelles. Moyenne 747.50
Id.　　italien...............	500	100,000	655
Société générale néerlandaise............	540	160,000	650
Banque ottomane....................	500	202,500	800
Chemin de fer de l'Est..............	500	584,000	1.060 et act. nouv. Moyenne 780
Id.　　du Midi..............	500	250,000	900
Id.　　de l'Ouest.............	500	300,000	885
Id.　　Autrichien............	500	400,000	957 50
Id.　　Nord-Espagne..........	500	200,000	597
Id.　　Cordoue-Séville.........	500	36,000	505
Id.　　Ouest-Suisse...........	500	100,926	630
Canalisation de l'Èbre..............	500	63,000	500
Compagnie immobilière.............	500	160,000	665
Id.　　transatlantique............	500	80,000	682 50
Magasins généraux..................	500	25,000	780
Obligations chemin de fer Nord-Espagne.	250	622,000	250
Id.　　Empr. ottoman 1863.......	360	300,000	360
Id.　　id.　　1865.......	330	300,000	330

Pour évaluer les pertes subies par les actionnaires de
totaux, qui est de neuf cent dix millions (chiffres ronds), et

PAR LA DIRECTION DE LA SOCIÉTÉ GÉNÉRALE DE CRÉDIT MOBILIER FRANÇAIS.

COURS du 25 juillet 1868	DIFFÉRENCE EN PERTE		DIFFÉRENCE EN PERTE sur le PRIX D'ÉMISSION	
	par titre.	totale.	par titre.	totale.
265	1,732 50	207.900.000	235	28.200.000
265	435	52.200.000	261	31.320.000
300	447 50	107.400.000	200	48.000.000
307	348	34.800.000	193	19.300.000
285	365	58.400.000	255	40.800.000
517 50	282 50	57.206.250	»	»
557 50	222 50	129.940.000	»	«
570	330	82.500.000	»	«
575	310	93.000.000	»	»
557 50	400	160.000.000	»	«
60	537	107.400.000	440	88.000.000
40	465	16.740.000	460	16.560.000
30	600	60.555.600	470	47.435.220
45	455	28.665.000	455	«
97 50	567 50	90,800.000	402 50	64.400.000
370	312 50	25.000.000	130	10.400.000
530	250	6.250.000	»	«
120	130	»	130	80.860.000
297 50	62 50	»	62.50	18.750.000
304	26	»	26	7.800.000
Totaux.........		1.318.756.850		501.825.220

ces sociétés, il faut prendre la moyenne entre ces deux
on restera encore au-dessous de la vérité.

CONCLUSION.

Le lecteur a vu par les tableaux et chiffres contenus dans cette brochure que les principes financiers du gouvernement actuel n'étaient autres que l'emprunt, toujours l'emprunt, tantôt pour subvenir aux dépenses de guerres, tantôt pour réduire la dette flottante, qui, aussitôt après, remonte au chiffre d'où on l'a fait descendre, tantôt enfin pour couvrir l'excédant des dépenses, autrement dit, le déficit. Sont-ce là des principes financiers ? je ne le crois pas. C'est agir comme un prodigue qui ne se préoccupe pas d'équilibrer ses dépenses avec son revenu, et qui emprunte à la fin de l'année pour combler la différence. Dans les premières années, il trouve à emprunter dans de bonne conditions, mais s'il continue, le nombre des prêteurs diminue et son crédit s'avilit il est obligé de payer de gros intérêts jusqu'au jour où sa ruine devient complète. Eh bien, je ne sache pas, et tout homme sensé et de bonne foi le reconnaitra comme moi, que l'exagération des dépenses et l'abus des emprunts aient des résultats différents pour un État et des villes que pour un particulier. Le discrédit et la ruine en sont la conséquence pour les uns comme pour les autres. C'est fatal ! Je serais très-heureux que le contraire pût m'être prouvé, mais je n'y compte guère. Je persiste donc dans mon raisonnement et je dis qu'il faut absolument changer de système financier si on veut maintenir le crédit de la France et lui éviter de tomber dans les embarras auxquels se trouvent actuellement en proie l'Autriche et l'Italie qui viennent de violer leurs engagements en établissant un impôt sur leurs rentes. Il y a trois ans, le Sénat italien protestait et rejetait avec indignation l'impôt sur la rente que la Chambre des députés venait de voter ; trois années se sont écoulées, et ce même Sénat vient de voter cet impôt qu'il avait repoussé. Que nos députés de la majorité y fassent attention, il y a quelques années, ils s'écriaient: « Les ressources de la France sont inépuisables! » aujourd'hui quelques-uns reconnaissent que les dépenses vont trop vite, et ils exhortent le gouvernement à s'arrêter dans cette voie, mais cela se borne à des discours, ce n'est pas suffisant, le moment est venu où il faut des votes en rapport avec les discours. Aussi est-il nécessaire, puisque la majorité actuelle du corps législatif n'a pas su arrêter le gouvernement dans cette voie périlleuse (et c'est une grande responsabilité qu'elle a assumée), que la France entière vote aux prochaines élections législatives pour les candidats indépendants et repousse tous les candidats officiels.

A cette condition seule, elle obtiendra un changement de système financier, et détournera les dangers à venir.

Henry Merlin.

P. S. Le *Moniteur* publie les chiffres qu'a atteints la souscription à l'emprunt de 429 millions. Il a été demandé 660 millions de rentes, ce qui, au cours de 69.25, représenterait, si ces demandes étaient sincères, un capital de plus de quinze milliards.

De telles exagérations ne ruinent-elles pas à tout jamais le principe des émissions d'emprunt par souscription publique ? Quel rentier sérieux souscrira dorénavant ? Le ministre appelle cela la démocratisation du crédit, c'est la démocratisation du jeu qu'il devrait dire.

Clichy. — Impr. M. Loignon, Paul Dupont et Cie, rue du Bac-d'Asnières, 12.

www.ingramcontent.com/pod-product-compliance
Lightning Source LLC
Chambersburg PA
CBHW051340060726
47596CB00004B/1712